folio cadet ▪ premières lectures

Traduction de Anne de Bouchony

ISBN : 978-2-07-064099-7
Titre original : *I Want a Party!*
Publié pour la première fois par Andersen Press Ltd., Londres

Numéro d'édition : 183349
Loi n° 49-956 du 16 juillet 1949
sur les publications destinées à la jeunesse
Dépôt légal : mai 2013
Imprimé en France par I.M.E.
Maquette : Karine Benoit

IMPRIM'VERT
Votre imprimeur agit pour l'environnement

PEFC
10-31-1093
Certifié PEFC
Ce produit est issu de forêts gérées durablement et de sources contrôlées.
pefc-france.org

Je veux une fête !

Tony Ross

GALLIMARD JEUNESSE

1

La petite princesse s'ennuyait à mourir !
– Je veux une fête, dit-elle.

– Mais ce n'est pas Noël ! dit sa mère.
– Je ne veux pas une fête pour Noël, répondit la petite princesse. Je veux une fête tout simplement.

– Mais ce n'est pas ton anniversaire ! dit le roi.
– Je ne veux pas une fête pour mon anniversaire, je veux une fête tout simplement, dit la petite princesse.

Alors, la petite princesse passa le reste de la semaine à écrire toutes les invitations.

Le cuisinier l'aida à faire son gâteau de fête et à préparer la gelée la plus tremblotante du monde.

– Puis-je t'aider ? demanda le Premier ministre.
– Oui, merci beaucoup, pour fabriquer quelques chapeaux de fête, dit-elle.

Le général lui montra comment jouer à son jeu favori.

– Il ne faut pas tricher ! dit-il.

Il savait qu'elle serait tentée de le faire.

Et, toutes les nuits, la petite princesse rêvait de sa fête. Ce serait la plus belle fête de tous les temps.

2

Quand le grand jour arriva enfin, la petite princesse mit sa robe préférée et sa plus belle couronne.

Le roi l'aida à gonfler tous les ballons...

La reine termina la décoration...

Et la gouvernante remplit les pochettes-surprises.

Tout était enfin prêt pour la grande fête...

Mais personne ne vint.
Vraiment personne.

Une larme roula sur la joue de la petite princesse.

– Comment se fait-il que personne ne soit venu à ma fête ? soupira-t-elle.

3

À cet instant, on frappa à la porte. La petite princesse se précipita pour ouvrir.
Il n'y avait qu'une seule personne. Et c'était sa meilleure amie.

– Bonjour, dit-elle. J'organise une fête la semaine prochaine, et j'aimerais bien que tu viennes. S'IL TE PLAÎT, viens.
Et elle tendit l'invitation à la petite princesse.

– Merci, j'adorerais venir, dit la petite princesse. Entre, j'ai préparé une fête, RIEN QUE POUR TOI !

La petite princesse et sa meilleure amie s'amusèrent follement. Quand il n'y a qu'une invitée, le plus important est que ce soit sa meilleure amie.

À la fin de la fête, la meilleure amie repartit les bras chargés de pochettes-surprises.

« C'était la plus belle fête de tous les temps ! »
se dit la petite princesse.

... EXCEPTÉ, BIEN SÛR,
CELLE DE LA SEMAINE PROCHAINE !

FIN

Tony Ross

Avez-vous toujours été auteur-illustrateur ?
Non, je n'ai pas toujours été écrivain. J'ai commencé par être bébé. Puis, j'ai appris à écrire et j'ai juste continué. Bien sûr, j'ai fait d'autres choses, comme travailler dans la publicité ou enseigner le dessin.

Combien de livres avez-vous publiés ?
Je n'ai jamais compté. Je *pense* en avoir écrit plus d'une centaine et illustré plus d'un millier.

Où et quand aimez-vous travailler ?
Je travaille chez moi dans un tout petit studio, seul, parfois avec mon chat qui vient souvent s'asseoir sur mes dessins. Alors je dois parfois dessiner autour de sa queue !

Faire rire, c'est essentiel pour vous?
Oui, c'est essentiel. Chaque histoire doit transmettre une émotion, que ce soit de l'humour, de la peur ou de l'amour. J'aime l'humour, mais c'est ce qu'il y a de plus dur à écrire! J'aime aussi dessiner des choses amusantes.

Qu'est-ce qui vous a inspiré cette histoire?
Toutes les histoires de la petite princesse sont inspirées de la vie de tous les jours, de souvenirs de mon enfance ou de mes enfants.

Qu'aimez-vous faire pendant votre temps libre?
Lorsque j'ai du temps libre... j'aime imaginer mon prochain livre! Ce serait bien aussi de voyager, partir au soleil pour nager. L'Angleterre n'est pas le pays idéal pour ça! J'aime aussi tout simplement passer du temps avec des amis.

je commence à lire

Pour les jeunes apprentis lecteurs
Niveau 1

n° 1 *Armeline Fourchedrue*
par Quentin Blake

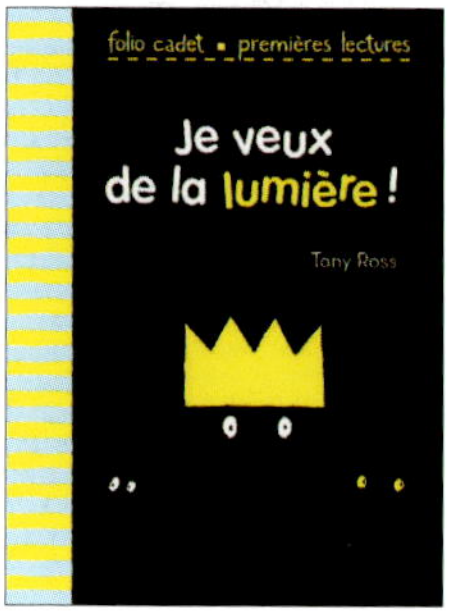

n° 2 *Je veux de la lumière !*
par Tony Ross

n° 3 *Le garçon qui criait : « Au loup ! »*
par Tony Ross

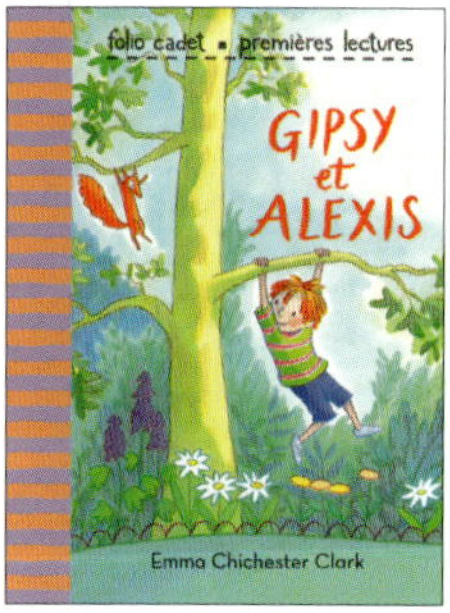

n° 4 *Gipsy et Alexis*
par Emma Chichester Clark

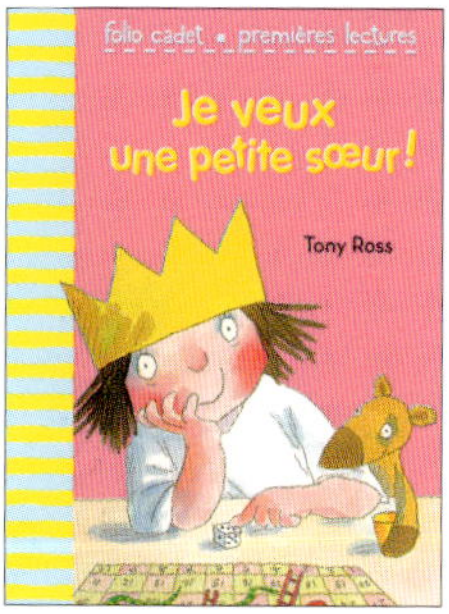

n° 11 *Je veux une petite sœur !*
par Tony Ross

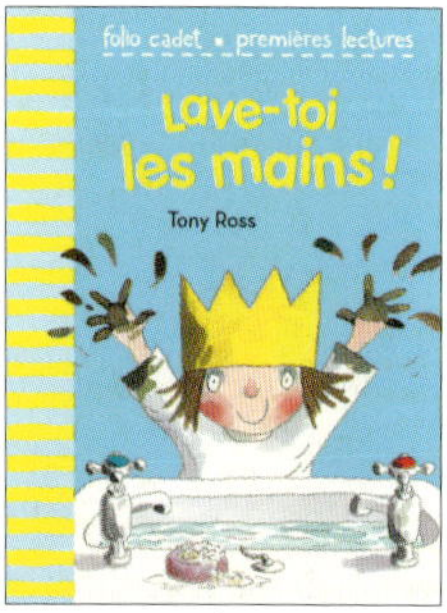

n° 16 *Lave-toi les mains !*
par Tony Ross

n° 24 *Je ne veux pas aller au lit !*
par Tony Ross

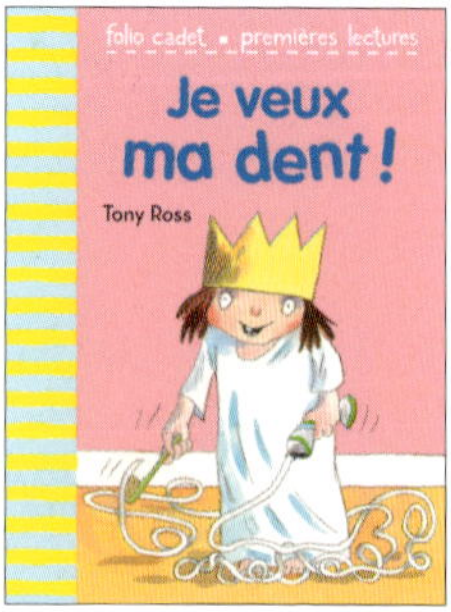

n° 39 *Je veux ma dent !*
par Tony Ross

n° 43 *Adrien qui ne fait rien*
par Tony Ross

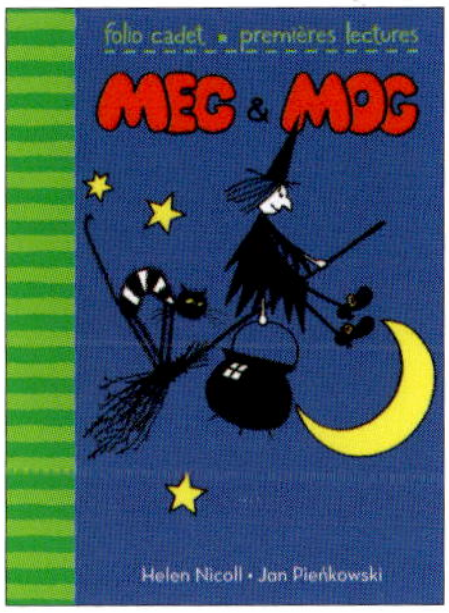

n° 49 *Meg et Mog*
par Helen Nicoll
et Jan Pieńkowski

n° 53 *Salsifi ça suffit !*
par Ken Brown

n° 62 *Je veux manger !*
par Tony Ross

n° 64 *Armeline*
et la grosse vague
par Quentin Blake

n° 71 *Timothée va à l'école*
par Rosemary Wells

n° 72 *Guéris vite, petit*
dinosaure ! par Jane Yolen
et Mark Teague

n° 74 *Moi, ma grand-mère...*
par Pef

n° 75 *Je veux le faire*
toute seule !
par Tony Ross

je lis tout seul

Pour les jeunes apprentis lecteurs
Niveau 2

n° 31 *Un chat de château*
par Janine Teisson
et Clément Devaux

n° 52 *Rex le chien de ferme*
par Michael Morpurgo
et Patrick Benson

n° 61 *Radio Maman*
par Anne Fine
et Joëlle Dreidemy

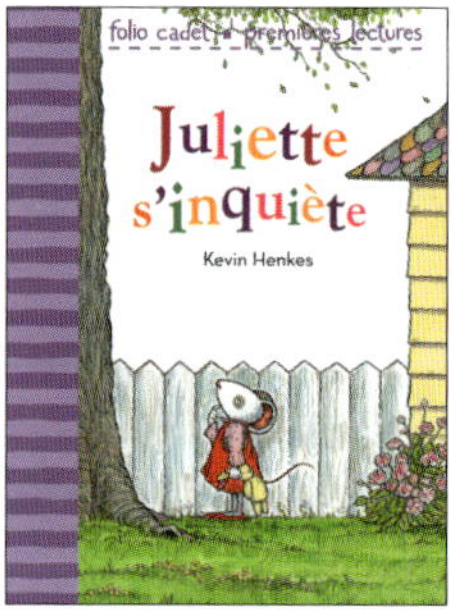

n° 70 *Juliette s'inquiète*
par Kevin Henkes

n° 73 *L'ogre bouquiniste*
par Janine Teisson
et Clotilde Perrin

n° 78 *Le nouveau est un fantôme* par Yann Walcker et Henri Fellner

n° 79 *MacPat le chat chanteur*
par Julia Donaldson
et Axel Scheffler

n° 82 *Le Petit Nicolas. Un chaton trop mignon*
par Emmanuelle Lepetit